Amazon Echo

Amazon Echo & Alexa Handbuch mit Befehlen, Tipps, Einstellungen

Inhaltsverzeichnis

Einleitung 1
Kapitel 1: Die Echo Produkte 2
Die Wahl des richtigen Echos 3
Amazon Connect 4
Kapitel 2: Alexa - Echo's Gehirn 6
Kapitel 3: Mein Amazon Echo 7
Einrichten mit der Alexa App 7
Steuerung deines Echos 8
Hallo Alexa! 9
Persönliche Daten 10
Kapitel 4: Die grundlegenden Funktionen 11
Erinnerungen, Timer & Wecker 14
IFTTT 14
Multiroom 15
(Video-) Telefonie 16
Echo Buttons 17
Kapitel 5: Die beliebtesten Skills 18
Bildung und Nachschlagewerke 18
Dienstprogramme 19
Essen & Trinken 20
Film und Fernsehen 21
Gesundheit und Fitness 22
Lifestyle 23
Lokales 24
Musik und Audio 25

Nachrichten 26
Neuheiten und Humor 27
Produktivität 27
Reise und Transport 28
Shopping 30
Smart Home 31
Soziale Netzwerke 32
Spiele, Quiz und Zubehör 32
Sport 34
Vernetztes Auto 35
Wetter 35
Wirtschaft und Finanzen 36
Kapitel 6: Smart Home 38
Kompatible Produkte 38
Kapitel 7: Schmunzelecke 41
Kapitel 8: Tipps & Tricks 43
Sprachtraining 43
Haushalt einrichten 43
Handbuch 44
Google Suche mit dem Echo nutzen 45
Zurücksetzen 45
Echo selber bauen 46
Kapitel 9: Konkurrenzprodukte 48
Kapitel 10: Kritik 50
Kapitel 11: Künstliche Intelligenzen in der Zukunft .. 53
Schlusswort 54

Einleitung

Smarte sprachgesteuerte Assistenten sind derzeit in aller Munde. Sie sind nicht nur ein willkommener Zeitvertreib, sondern erleichtern den Alltag und eröffnen für diesen zahlreiche spannende neue Möglichkeiten. Das wohl bekannteste Gerät dieser Art ist momentan der Amazon Echo. Mit der intelligenten Alexa an Bord macht der Echo dein Zuhause smart und zukunftstauglich.

Kapitel 1: Die Echo Produkte

Die Echo-Familie hat sich seit der Markteinführung des Echos in den USA im Jahr 2014 stetig erweitert. Mittlerweile hat der Kunde die Wahl zwischen sieben verschiedenen Geräten - da fällt es gar nicht so leicht, den Überblick zu behalten. Im Folgenden findest du eine kurze Beschreibung der einzelnen Produkte.

- Echo: Das Original, sozusagen der "Ur-Echo", ist mit sieben Mikrofonen ausgestattet und verfügt über einen integrierten Lautsprecher. Strom bezieht das Gerät, das lediglich in zwei Farbvarianten erhältlich ist, über ein mitgeliefertes Netzteil.

- Echo 2017: Die zweite Generation des Echos, die 2017 auf den Markt kam, ist in sechs Varianten, wie z.B. in Holzoptik oder mit Stoffbezug, erhältlich. Das Gerät ist bei im Wesentlichen gleichbleibenden Funktionen etwas kleiner als sein Vorgänger und soll dank überarbeiteter Spracherkennung genauer auf Sprachbefehle reagieren.

- Echo Plus: Der Echo Plus, der seit Oktober 2017 in drei Farben erhältlich ist, sieht dem Original ähnlich, hat es aber in sich. Er verfügt über Lautsprecher mit Dolby-Technologie und 360-Grad-Sound, die den Lautsprecher des Echo Originals hinsichtlich der Lautstärke und Leistungsfähigkeit in den Schatten stellen. Außerdem vereinfacht er das Verbinden mit kompatiblen Smart-Home-Geräten, die er ohne eine spezielle App zu benötigen selbstständig findet und einstellt.

- Echo Dot: Der Echo Dot ist mit 32 Millimetern Höhe der Kleinste und auch Günstigste im Bunde. Er verfügt über alle Funktionen des normalen Echos - lediglich ist die Qualität der Lautsprecher größenbedingt eingeschränkt.

- Echo Tap: Der Echo Tap funktioniert dank integriertem Akku kabellos. Er ist etwas kleiner als das Original und muss vor jeder Nutzung per Hand aktiviert werden.

- Echo Show: Seit November 2017 auf dem deutschen Markt, begeistert der Echo Show mit seinem sieben Zoll Display viele Echo Fans. Die ursprünglichen Funktionen des Echos werden hier durch eine Displayanzeige ergänzt, auf der beispielsweise Musikvideos und Songtexte angezeigt werden können. Die Stereolautsprecher des Geräts sorgen für einen raumfüllenden Klang.

- Echo Spot: 2018 soll der Echo Spot auf den deutschen Markt kommen. Der kleine Bruder des Echo Show, der optisch an einen Wecker erinnert, kommt mit einem kleinen Display recht platzsparend daher.

- Echo Look: Optisch tanzt der Echo Look, der bisher ausschließlich in den USA vorbestellt werden kann, ein wenig aus der Reihe. Dies macht er allerdings durch eine integrierte WiFi-Kamera wieder wett. Diese soll nicht nur Fotos und Videos aufnehmen können, sondern zahlreiche weitere Funktionen bringen. So hilft sie Nutzern beispielsweise bereitwillig bei der Wahl des richtigen Outfits weiter.

Die Wahl des richtigen Echos

Welcher Echo am besten für dich geeignet ist, kommt vor allem darauf an, was du von dem Gerät erwartest und wie du es nutzen möchtest. Legst du beispielsweise Wert darauf, deinen Echo überall mit hin nehmen zu können, ist der Tap wahrscheinlich deine erste Wahl. Kommt es dir auf die Qualität der Lautsprecher an, solltest du dagegen zum Echo Plus greifen. Möchtest du die Technik lediglich aus Neugier ausprobieren und bist nicht bereit, viel Geld dafür auszugeben, ist der sparsame Echo Dot das richtige Gerät für dich. Suchst du nach einem Smart Home Gerät, das sich optisch gut in dein Zuhause einfindet, so findest du im Echo 2017 mit seiner größeren Farbpalette wahrscheinlich deinen Favoriten. Im

Zweifelsfall solltest du dir die einzelnen Produktseiten genau ansehen und analysieren, welcher Echo deinen Bedürfnissen am ehesten entspricht.

Amazon Connect

In den USA ist mittlerweile ein Produkt des Tochterunternehmens "Amazon Web Services", kurz AWS, auf dem Markt, das sich Amazon Connect Box nennt und bald wohl auch den deutschen Markt erobern wird. Es handelt sich hierbei um ein unauffälliges schwarzes Kästchen, das an die Telefondose des Routers angeschlossen werden kann und so Festnetzanrufe über den Echo ermöglicht. Dahinter steckt großes Potential. Vor allem ältere Menschen, die in ihrer Mobilität eingeschränkt sind, können von einem Festnetztelefon profitieren, das sich per Sprache steuern lässt.

Doch die Nutzung im privaten, kleinen Rahmen ist nur ein Teil der Möglichkeiten, die Amazon Connect eröffnet. Der Service, der auf der Cloud basiert, soll als offene Plattform, in die andere Systeme integriert werden können und auch von Call-Center Unternehmen genutzt werden. Über eine Verwaltungsseite können Benutzer hinzugefügt und Berechtigungen erteilt werden.

Für die Nutzung ist das Erstellen eines Amazon Connect Kontos nötig, sofern kein AWS IAM-Konto besteht. Abgerechnet wird die Minutenzahl, für die der Dienst in Anspruch genommen und über Amazon Connect kommuniziert wurde. Eine Mindestgebühr gibt es nicht.

Amazon verspricht, dass Amazon Connect das Erstellen von effizienten Kundeninteraktionen auch ohne umfassende Programmierkenntnisse möglich macht. Unternehmen sollen es mit diesem Dienst schaffen, ihren Kunden einen besseren Service bei gleichzeitig geringeren Kosten bieten zu können.

Derzeit kann der Dienst in mehr als 20 Ländern weltweit genutzt werden.

Kapitel 2: Alexa - Echo's Gehirn

Das Besondere an der Echo-Familie ist ihre künstliche Intelligenz, sozusagen ihr Gehirn: Alexa. Sie bildet die Schnittstelle zwischen Nutzer und Gerät und ermöglicht die Vielfalt an Funktionen. Benannt wurde sie nach der Bibliothek von Alexandria, was angesichts ihres breitgefächerten Wissens wohl eine angemessene Namenswahl ist.

Alexa ist für die Amazon Produkte das, was Siri für Apple oder Cortana für Microsoft ist - eine sprachgesteuerte künstliche Intelligenz, die Befehle erkennt, versteht und darauf reagiert. Durch empfindliche Mikrofone gelingt es Alexa, Nebengeräusche auszublenden, sodass sie dich selbst dann verstehen kann, wenn dein Echo gerade Musik abspielt und du mehrere Meter entfernt bist. Alexa überrascht mit ihrer feinen Spracherkennung selbst Kritiker.

Noch erstaunlicher ist die Natürlichkeit ihrer Antworten. Alexa spricht vielleicht (noch) nicht ganz flüssig und bei der richtigen Betonung hapert es hier und da, doch sie klingt definitiv mehr nach Mensch, als nach Maschine.

Ihr breites Wissen verdankt Alexa der Cloud, über die sie Fragen verarbeitet und mit Informationen gefüttert wird. Doch Alexa antwortet nicht nur auf informative Fragen - selbst Small-Talk meistert sie mit Bravour und zeigt sich dabei häufig gefühlvoller und emotionsgeladener, als man es von einer künstlichen Intelligenz erwarten würde.

Kapitel 3: Mein Amazon Echo

Du hast dich entschieden, dir einen Echo anzuschaffen. Nun wurde das Gerät geliefert - und was jetzt? In diesem Kapitel erfährst du, wie du deinen Echo einrichten und dich ein wenig mit ihm vertraut machen kannst.

Einrichten mit der Alexa App

Um deinen Echo zu nutzen, benötigst du die Alexa App. Diese kannst du über den Playstore wie gewohnt herunterladen und installieren, was einige Minuten in Anspruch nehmen kann. Wenn du kein Smartphone besitzt, kannst du dich alternativ auch auf der Website *https://alexa.amazon.de* über den PC anmelden.

Während du auf die Fertigstellung der App wartest, kannst du das Gerät bereits ans Stromnetzwerk anschließen. Hast du dir schon überlegt, wo dein Echo stehen soll? Bei der Platzwahl solltest du darauf achten, dass das Gerät relativ frei steht - rundum sollte es mindestens 15 cm Abstand zu Wänden etc. haben.

Schließe das Netzteil an deinen Echo und an die Steckdose an und betätige den Aktivierungsknopf. Das ist der Knopf mit dem Punkt. Nun leuchtet ein blauer Farbring auf und es gilt abzuwarten, bis dieser sich orange färbt. Und schon kann es losgehen.

In der App kannst du dich mit deinen Amazon Kontodaten einloggen, du benötigst also keine separaten Zugangsdaten. Wähle nun das Feld "Alexa personalisieren" und dann "ein neues Gerät einrichten", um deinen Echo mit der App zu verbinden. Wähle deinen Echo und die gewünschte Sprache (Deutsch oder Englisch) aus. Anschließend wirst du nach dem orangenen Lichtring gefragt. Tippe auf "weiter" und öffne deine WLAN-Einstellungen.

Nach kurzer Wartezeit sollte dein Echo in der Liste der verfügbaren Geräte angezeigt werden. Wähle ihn aus und warte, während die Verbindung aufgebaut wird. Sobald diese steht, wird dich Alexa darüber informieren und dich auffordern, mit den Einstellungen in der App fortzufahren. Dort kannst du nun deinen WLAN-Zugang auswählen und mit dem zugehörigen Code für den Echo freischalten.

Hiermit ist die Einrichtung vorläufig beendet und in der App wird dir ein kurzes Video gefolgt von einem Tutorial präsentiert. Dieses animiert dich dazu, direkt mit Alexa in Kontakt zu treten und erste Erfahrungen zu sammeln. Es lohnt sich, das informative, aber leider recht kurze, Tutorial zu durchlaufen, um einen ersten Eindruck zu bekommen.

Steuerung deines Echos

Der Echo ist ein sprachgesteuertes Gerät. Daher ist die manuelle Bedienung recht schnell erklärt. Der Echo Dot verfügt über vier Tasten: die Plus- beziehungsweise Minus-Taste regeln die Lautstärke (bei der großen Echo-Version wird diese über einen Drehregler eingestellt), der Punkt befindet sich auf der Aktivierungstaste und das durchgestrichene Mikrofon kennzeichnet die Stumm-Taste. Letztere leuchtet bei Betätigung rot auf und ist dafür da, den Echo stumm und taub zu schalten - Alexa reagiert dann nicht mehr und hört, laut Amazon, auch nicht mehr mit.

Möchtest du mit Alexa sprechen, so ist es wichtig, die richtige Ansprache zu wählen. Das sogenannte Aktivierungswort ist das Zeichen für Alexa, nun mitzuhören, Informationen aufzunehmen und zu verarbeiten. Dieses Wort kannst du mehr oder weniger individuell anpassen - bisher stehen vier verschiedene Wörter zur Auswahl: Alexa, Computer, Echo oder Amazon.

"Alexa" ist als Aktivierungswort voreingestellt. Möchtest du das Wort ändern, so kannst du dies unter den Einstellungen in deiner App tun - und zwar so oft du möchtest. Öffne das Menü links oben, tippe auf Einstellungen und anschließend auf "Geräte". Hier wählst du deinen Echo aus, betätigst die Schaltfläche "Allgemein" und dann "Aktivierungswort". Nun musst du nur noch dein gewünschtes Wort auswählen und schon wird Alexa darauf hören.

Sprichst du das Aktivierungswort aus, leuchtet Alexa blau auf und signalisiert so, dass sie nun zuhört. Sagst du etwas, ohne das Aktivierungswort zu Beginn zu nennen, wird Alexa nicht reagieren. Das ist auch gut so, denn ohne diese Einstellung, würde sie wohl ständig dazwischen plappern. Alexa hört erst nach Nennung des Aktivierungswortes zu. Dieses muss also unbedingt stets am Anfang des Satzes stehen.

Hallo Alexa!

Die ersten Schritte sind gemacht, jetzt wird es höchste Zeit, Alexa ein bisschen besser kennenzulernen und dich gleichzeitig an die Sprachsteuerung zu gewöhnen. Stelle zu Beginn ein paar simple Fragen, z.B. "Alexa, wie geht es dir?" oder "Alexa, wie alt bist du?". Du wirst erstaunt sein, wie flüssig und natürlich Alexa antwortet. Nimm dir etwas Zeit, um herumzuexperimentieren und Alexa etwas auf den Zahn zu fühlen. Frage beispielsweise "Alexa, was ist deine Lieblingsfarbe/dein Lieblingsfilm/dein Lieblingsbuch?" oder "Alexa, wo kommst du her?". Oder lasse dich von Alexa unterhalten. Sage hierzu z.B. "Alexa, erzähle mir einen Witz/ein Geheimnis.".

Doch natürlich ist Alexa weit mehr als ein wortgewandter, lustiger Gesprächspartner. Sie ist vor allem unglaublich schlau und erspart dir dadurch in vielen Fällen die Benutzung von Suchmaschinen wie Google. Überzeuge dich direkt selbst davon und frage nun etwas spezifischer nach, z.B. "Alexa, wie heißt die Hauptstadt von Australien?", "Alexa, wie buchstabiert man Legislaturperiode?" oder "Alexa, wo liegt der Iran?". Du kannst Alexa auch direkt dazu auffordern, Wikipedia zu öffnen und dort etwas für dich nachzuschlagen. Sage dazu "Alexa, öffne Wiki Deutschland" und nenne deinen Suchbegriff.

Persönliche Daten

Es ist nötig, dass du Alexa - deiner persönlichen Sprachassistentin - auch etwas über dich verrätst, damit sie dich optimal unterstützen kann. Die wohl wichtigste Angabe ist dein Standort, denn nur wenn sie diesen kennt, kann sie angeforderte Informationen, wie z.B. das Wetter, lokal anpassen. Öffne die Einstellungen in der Alexa App, wähle die Schaltfläche "Allgemein", tippe auf deinen Echo und dann auf "Gerätestandort". Hier kannst du den Standort eintragen und jederzeit ändern. Des Weiteren kannst du in den Einstellungen Töne, Zeitzone, Sprache, Maßeinheiten und den Gerätenamen individuell anpassen.

Kapitel 4: Die grundlegenden Funktionen

Dein Echo bietet dir schier unendliche Möglichkeiten und Funktionen. In diesem Kapitel lernst du die wichtigsten und nützlichsten kennen und erfährst, wie du sie nutzen kannst. Gehe dazu zunächst in die Einstellungen und scrolle etwas nach unten, bis du zum Punkt "Konten" gelangst. Folgende Funktionen kannst du hier verwalten:

- Musik und Medien: Amazon Music, Prime Music, Amazon Music Unlimited, Spotify Premium, TuneIn, Audible und Kindle sind Streamingdienste, die du über deinen Echo nutzen kannst. Wähle einfach den gewünschten Dienst aus und verknüpfe ihn durch die Eingabe deiner Zugangsdaten. Möchtest du eine Verknüpfung aufheben, kannst du dies jederzeit durch Klicken auf die Schaltfläche "Konto von Alexa trennen" tun. Innerhalb der Dienste benötigst du verschiedene Sprachbefehle zur Navigation. Sage "Alexa, spiele [Song] von [Künstler]." oder "Alexa, spiele das Album [Titel].", um Musiktitel spezifisch auszuwählen. Eine bestehende Playlist oder einen Radiosender wählst du mit "Alexa, meine Playlist [Titel] anhören" beziehungsweise "Alexa, spiele den Radiosender [Titel]" aus. Alexa kann dir außerdem zahlreiche Informationen zu der abgespielten Musik liefern. Frage beispielsweise "Alexa, welcher Song/Künstler ist das?" oder "Alexa, wann wurde dieser Song veröffentlicht?". Die Lautstärke kannst du mittels der Befehle "Alexa, lauter/leiser/Lautstärke auf [Zahl]." einstellen. Zwischen den Songs wechselst du mit den Sätzen "Alexa, weiter/zurück/stopp/fortsetzen/wiederholen.". Die Navigation durch Hörbücher gestaltet sich ähnlich. Fordere Alexa mit dem Befehl "Alexa, lese [Titel] vor/mein Buch fortsetzen." dazu auf, ein Hörbuch abzuspielen. Sage "Alexa, nächstes/vorheriges Kapitel.", um zwischen Kapiteln zu wechseln und "Alexa, gehe zu Kapitel [Zahl].", um ein spezielles Kapitel auszuwählen.

Du kannst sowohl für abgespielte Musik, als auch für Hörbücher einen Einschlaf-Timer stellen, sodass Alexa nach einer von dir bestimmten Zeit aufhört, Musik zu spielen oder vorzulesen. Sage hierfür "Alexa, höre in [Zahl] Minuten/Stunden auf, Musik zu spielen/zu lesen.".

- Tägliche Zusammenfassung: Die tägliche Zusammenfassung ist eine praktische Funktion, über die du täglich Informationen erhältst, die speziell auf deine Interessen zugeschnitten sind. Tippe auf "Mehr aus der täglichen Zusammenfassung", um zwischen verschiedenen Nachrichtendiensten diejenigen auszuwählen, die für dich interessant sind. Um diese deiner täglichen Zusammenfassung zuzuordnen, tippe auf den jeweiligen Skill und dann auf "Aktivieren". Abrufen kannst du deine Zusammenfassung mit dem Sprachbefehl "Alexa, wie lautet meine tägliche Zusammenfassung?". Navigiere mit den Sätzen "Alexa, weiter/zurück/abbrechen."

- Sportnachrichten: Für Sportfans bietet Alexa eine besonders interessante Funktion an. Unter "Sportnachrichten" kannst du deine Lieblingsmannschaften verschiedener Sportarten auswählen. Sage "Alexa, gib mir mein Sport-Update", um Neuigkeiten dieser Teams zu erfahren.

- Verkehr: Um Verkehrsinformationen für bestimmte Strecken, z.B. für deinen Arbeitsweg, zu erhalten, ist es nötig, diesen vorher festzulegen. Dies kannst du über die Schaltfläche "Verkehr" tun, indem du Start- und Zieladresse, sowie bei Bedarf einen Zwischenstopp angibst. Sagst du nun "Alexa, wie sieht es aktuell mit dem Verkehr aus?", so teilt dir Alexa aktuelle Verkehrsmeldungen auf deiner Strecke mit.

- Kalender: Du hast die Möglichkeit, Kalender mit Alexa zu verknüpfen. Kompatibel sind folgende Anbieter: iCloud, G-Mail, G Suite, Office 365, Outlook, Hotmail und Live. Wähle unter "Kalender" deinen gewünschten Anbieter aus und tippe auf "Verknüpfen". Bestehen mehrere Kalender über ein gewähltes Konto, kannst du Alexas Zugriff spezifisch beschränken. Je nach Anbieter kann es sein, dass du einige Schritte zur Authentifizierung durchlaufen musst. Sind diese erfolgt, kannst du den Sprachbefehl "Alexa, füge [Ereignis] für [Tag] um [Uhrzeit] zu meinem Kalender hinzu." nutzen, um Ereignisse einzutragen. Frage "Alexa, was steht für heute auf meinem Kalender?", um Einträge abzurufen.

- Listen: Unter "Listen" kannst du die Drittanbieter Listendienste Any.do, AnyList und Todoist durch Eingabe deiner jeweiligen Zugangsdaten mit Alexa verknüpfen. Mit dem Befehl "Alexa, füge [Artikel] zu meiner [Einkaufs-/To-Do-Liste] hinzu." kannst du die Listen erweitern. Frage "Alexa, was steht auf meiner [Einkaufs-/To-Do-Liste]?", um die eingetragenen Punkte abzurufen. Du kannst Punkte über die Alexa App manuell löschen oder abhaken.

- Spracheinkauf: Über Alexa kannst du per Sprachbefehl Produkte auf Amazon bestellen, sofern du Prime-Mitglied bist. Aktiviere diese Funktion hierfür zunächst im Punkt "Spracheinkauf". Anschließend kannst du einen vierstelligen Code anfordern, der fortan zur Bestätigung jedes Kaufs abgefragt wird. Unter "Zahlungseinstellungen anzeigen" kannst du die Zahlungsweise für getätigte Käufe bearbeiten. Um bestellen zu können, muss eine Rechnungsadresse, sowie ein Konto bei einer deutschen Bank hinterlegt sein. Jeder Bestellvorgang beginnt mit dem Befehl "Alexa [Name des Artikels] bestellen." und muss dann erneut durch ein "Ja" bestätigt werden. Möchtest du mehrere Produkte bestellen, kannst du diese nacheinander mit dem Satz "Alexa, füge [Name des Artikels] zu meinem Einkaufswagen hinzu." in deinen Warenkorb legen. Um eine getätigte Bestellung zu stornieren, sage "Alexa, storniere meine Bestellung".

Erinnerungen, Timer & Wecker

Im Menü der Alexa App findest du den Punkt "Notizen & Wecker". Wählst du diesen aus, kannst du auf der Folgeseite Erinnerungen einspeichern, die Weckerlautstärke, sowie einen Standardton, mit dem du geweckt werden möchtest, einstellen und die Lautstärke des Timeralarms festlegen. Sage "Alexa, Wecker für [Zeit] stellen.", um einen Wecker einzurichten. Möchtest du diesen nicht einmalig, sondern wiederholt verwenden, sage "Alexa, stelle einen wiederholenden Alarm für [Tag] um [Zeit]." Wenn der Wecker klingelt, kannst du ihn mit "Alexa, schlummern." nach neun Minuten erneut klingeln lassen oder mit "Alexa, Stopp." ausschalten. Für den Wecker kannst du nicht nur einen Standardton einrichten, sondern verschiedene Songs für verschiedene Wecker festlegen. Dies erledigst du unter "Notizen & Wecker" im Reiter "Wecker".

IFTTT

Die Buchstabenkombination steht für den Drittanbieter-Dienst "If this than that", zu Deutsch in etwa "wenn dies, dann das". Dieser ermöglicht durch die Erstellung sogenannter "Applets" ein besseres Zusammenspiel zwischen Geräten, Websites und Apps. Durch die Erstellung von Applets können Vorgänge nach dem Prinzip "Wenn Ereignis A eintritt, führe Aktion B aus" automatisiert werden. So kannst du beispielsweise festlegen, dass Alexa automatisch eine Erinnerung daran abspeichert, wenn du sie danach fragst, wann eine bestimmte Serie im Fernsehen kommt.

Jeder kann IFTTT nutzen und Applets erstellen. Melde dich dafür zunächst auf der Seite *https://ifttt.com/amazon_alexa an*, klicke auf "Connect" und gib deine Amazon Zugangsdaten ein. Du findest auf der Website eine Auswahl an vorerstellten Applets, die du mit einem Klick aktivieren und nach etwa einer Stunde nutzen kannst.

Etwas anspruchsvoller wird es, wenn du selbst ein Applet erstellen möchtest. Jedes Applet besteht aus einem Trigger und einer Reaktion darauf. Klicke auf das Plus vor "this" und wähle als Trigger beispielsweise einen Sprachbefehl. Lege im nächsten Feld den ausformulierten Befehl fest, wähle den Dienst, der verknüpft werden soll (beispielsweise Twitter) und bestimme eine Aktion, die in Folge des Triggers ausgeführt werden soll. Je nach verknüpftem Dienst kannst du nun noch spezifische Einstellungen vornehmen, bevor du den Erstellungsprozess mit einem Klick auf "Finish" abschließt.

Multiroom

Wenn du mehrere Echos oder kompatible Lautsprecher, z.B. von Sonos oder Bose, besitzt, kannst du in der Alexa App ganz einfach eine Multiroom-Gruppe erstellen und fortan beispielsweise dieselbe Musik in allen Räumen abspielen. Dies gilt für die Echos der ersten und zweiten Generation, den Echo Dot, den Echo Show, den Echo Spot und den Echo Look. Um später den Überblick zu behalten, empfiehlt es sich, den einzelnen Geräten im Voraus Namen zuzuordnen. Öffne hierfür die Einstellungen, wähle jedes Gerät einzeln aus und ändere die Namen unter "Gerätename".

Um nun eine Multiroom-Gruppe aus zwei oder mehr Geräten zu erstellen, musst du zunächst den Punkt "Smart Home" im Menü auswählen. Tippe anschließend auf "Gruppen" und dann auf "Gruppe erstellen". Wähle die Schaltfläche "Multiroom Musik-Gruppe" und gib den gewünschten Namen der Gruppe ein. Nun kannst du alle Geräte auswählen, die du der Gruppe hinzufügen möchtest und den Vorgang mit "Gruppe erstellen" abschließen.

Um Musik von einer Gruppe abspielen zu lassen, sage "Alexa, spiele Musik im [Gruppenname].". Die Lautstärke kannst du ebenfalls für die gesamte Gruppe regeln. Sage hierfür z.B. "Alexa, Lautstärke im [Gruppenname] [Zahl] Prozent leiser/lauter."

In Deutschland sind momentan lediglich die Streamingdienste Amazon Music (Unlimited), Prime Music, Tuneln und Spotify mit der Multiroom-Funktion kompatibel. Seit Beginn des Jahres 2018 bietet Amazon die sogenannte Multi-Room Musik SDK an. Es handelt sich hierbei um eine Möglichkeit, Smart Speaker, z.B. viele portable Bluetooth Speaker, die nicht über eine Multiroom-Funktion verfügen, in das System aufzunehmen.

(Video-) Telefonie

Seit Ende 2017 ist das sogenannte "Alexa Voice Calling" auch in Deutschland verfügbar. Es handelt sich dabei um die Möglichkeit, Anrufe, beziehungsweise Videoanrufe beim Echo Show, über den Echo zu tätigen. Nicht nur Besitzer von Echos können so untereinander telefonieren - auch Anrufe auf ein Smartphone sind möglich. Anrufe auf ein Festnetztelefon sollen zukünftig durch das Produkt "Amazon Echo Connect" ermöglicht werden.

Doch wie kannst du deinen Echo zum Telefonieren nutzen? Das ist ganz einfach. Ist deine App auf dem neuesten Stand, so befindet sich links unten eine Sprechblase. Tippst du diese an, gelangst du in die Kommunikationszentrale. Dort ist es notwendig, Alexa den Zugriff auf deine Kontakte zu erlauben, ganz so, wie es auch bei WhatsApp und Co. der Fall ist. Ist dies geschehen, kannst du direkt lostelefonieren. Des Weiteren hast du die Möglichkeit, Text- und Sprachnachrichten über Alexa zu verschicken. Sage beispielsweise "Alexa, schicke eine Text-

/Sprachnachricht an [Kontakt]." und bestimme im Anschluss den gewünschten Inhalt der Nachricht.

Es ist möglich einzelne Rufnummern zu sperren. Öffne hierfür den Anrufverlauf, wähle den jeweiligen Kontakt aus und tippe auf "Alle ablehnen". Anrufe, die von diesem Kontakt ausgehen, werden so zukünftig direkt blockiert.

Echo Buttons

Seit Ende 2017 sind die sogenannten "Echo Buttons" erhältlich. Es handelt sich hierbei um kleine Buzzer, die mit integriertem Akku geliefert werden und das Spielen von Gesellschaftsspielen über den Echo attraktiver gestalten sollen. Alexa fungiert dabei als eine Art Spielleiter und führt durch das Spiel, das Nutzer per Sprachbefehle und Drücken der Buttons steuern. Noch ist das Angebot an verfügbaren, kompatiblen Spielen klein, doch es kann davon ausgegangen werden, dass schon bald zahlreiche Multiplayer-Spiele, womöglich auch von Drittanbietern, den Amazon Echo noch spannender machen werden. Amazon möchte passende Entwicklerwerkzeuge zur Verfügung stellen, um das Angebot hier zügig zu erweitern.

Kapitel 5: Die beliebtesten Skills

Im sogenannten Skill-Store findest du eine große Auswahl an optionalen Fähigkeiten, die du einzeln aktivieren kannst. In den Store gelangst du über die App, indem du im Menü auf "Skills" tippst. Du kannst hier entweder durch die beliebtesten oder neuesten Skills stöbern, Kategorien auswählen oder gezielt nach einem bestimmten Skill suchen. Durch einen Klick auf "Aktivieren" fügst du den Skill hinzu. Du kannst Skills, die du nicht mehr benötigst, manuell in der App oder per Sprachbefehl mit "Alexa, Skill [Titel] deaktivieren" deaktivieren. In diesem Kapitel findest du eine Liste der beliebtesten, meist genutzten und am besten bewerteten Skills, sortiert nach Kategorien des Stores.

Bildung und Nachschlagewerke

- Wörterbuch: Dieser Skill ermöglicht das Übersetzen von Wörtern und Redewendungen aus dem Deutschen in 18 verschiedene Sprachen, darunter Englisch, Russisch, Japanisch und Türkisch. Der Sprachbefehl "Alexa, öffne Wörterbuch" öffnet den Skill. Im Anschluss kannst du mit "Alexa, frage Wörterbuch nach [Wort] in [Sprache]." nach Übersetzungen fragen und diese mit "Alexa, wiederhole/nochmal" erneut abrufen. Zwischen vorherigen Übersetzungen wechselst du mit "Alexa, weiter/zurück.".
- Grundgesetz: Der Skill kennt alle 146 Artikel des deutschen Grundgesetzes. Diese kannst du mit "Alexa, frage Grundgesetz wie der Artikel [Zahl] lautet." abfragen.
- Wiki Deutschland: Mit dem Skill zur deutschen Wikipedia-Seite kannst du Alexa nach Wiki Einträgen fragen und dir die Ergebnisse vorlesen lassen. Sage

"Alexa, öffne Wiki Deutschland" und dann "Suche [Suchbegriff]." oder "Was weißt du über [Suchbegriff]?".
- Das Örtliche: Finde Unternehmen in deiner Nähe mit zugehörigen Adressen, Telefonnummern und Öffnungszeiten. Sage hierfür "Alexa, suche nach [Unternehmen] in [Ort]." Alexa wird dir verschiedene Treffer zur Auswahl nennen. Weitere Details erfährst du mit dem Befehl "Alexa, Öffnungszeiten [Treffer X].".
- Fleckentferner: Frage z.B. "Alexa, wie entferne ich Weinflecken?", um nützliche Tipps zur Entfernung von Flecken zu erhalten.
- Deutsche Sprichwörter: Eine große Sammlung bekannter, aber auch weniger oft zitierter, deutscher Sprichwörter findest du in diesem Skill.
- Geschichte des Tages: Auf den Befehl "Alexa, frage Geschichte des Tages für den [Datum]." hin nennt dir Alexa Ereignisse, die mit diesem Tag in Zusammenhang stehen.
- Meine Stadt: Erfahre, wie viele Menschen in den verschiedensten Städten weltweit leben. Sage beispielsweise: "Alexa, frage meine Stadt wie viele Menschen wohnen in [Stadt]."
- Grüner Daumen: Benötigst du Tipps zur Pflege deiner Pflanzen? Dann solltest du einen genaueren Blick auf diesen Skill werfen. Frage beispielsweise "Alexa, wie viel Wasser braucht eine [Pflanze]?" oder informiere dich über die ideale Düngung.

Dienstprogramme

- Abfallkalender: Dieser Skill liefert standortbasierte Informationen zu Müllabfuhrterminen. Hier kannst du beispielsweise die Sprachbefehle "Alexa, welche Tonne ist nächste Woche dran?" oder "Alexa, frage den Abfallkalender, wann die blaue Tonne abgeholt wird." nutzen.

- DPD: Der Skill zum Paketdienst liefert Informationen zu deinem Paket. Sage z.B. "Alexa, frage DPD nach meinem Paket".
- Phone Finder: Dieser praktische Skill hilft dir, wenn du dein Smartphone mal wieder verlegt hast. Du kannst bis zu fünf Geräte hinzufügen und diese mit "Alexa, öffne Phone Finder und suche nach meinem [Gerät]." suchen lassen.
- Stoppuhr: Dieser Skill kann alles, was auch eine Stoppuhr kann - und das komplett sprachgesteuert.
- BMI Rechner: Mit diesem Skill berechnet Alexa deinen BMI.
- Pflegegeldrechner: Dieser Skill hilft dir dabei, die Höhe des voraussichtlichen monatlichen Anspruchs auf Pflegegeld zu berechnen, ist dabei auf dem neusten Stand und richtet sich nach den, zu Beginn des Jahres 2017 eingeführten, fünf Pflegegraden.
- Feiertag: Mit diesem Skill weißt du immer, wann der nächste Feiertag vor der Tür steht.
- Mondphasen: Der Skill verrät dir, in welcher Mondphase wir uns aktuell befinden.

Essen & Trinken

- Chefkoch: Alle auf Chefkoch gelisteten Rezepte in einem Skill. Du kannst nach dem Rezept des Tages fragen, um dich inspirieren zu lassen oder mit dem Befehl "Alexa frage Chefkoch nach Rezepten mit Käse und Tomaten." nach Rezepten mit bestimmten Zutaten fragen.
- Kalorien Guru: Dieser Skill kennt den Kaloriengehalt sämtlicher Lebensmittel. Sage "Alexa, frage Kalorien Guru wie viele Kalorien hat [Lebensmittel]".
- Lieferando: Der Skill zum online Lieferdienst ermöglicht es dir, Essen per Sprachbefehl zu bestellen. Sage z.B. "Alexa, bestelle [Essen] von Lieferando."

- Essensvorschläge: Wer häufig nicht weiß, was er kochen soll, findet in diesem Skill zahlreiche Vorschläge. Nutze die Befehle "Alexa, starte Essensvorschläge." und "Alexa, mach mir Essensvorschläge".
- Barkeeper: Rufe mit diesem Skill eine Auswahl an Cocktailrezepten auf. Sage "Alexa, frage Barkeeper nach [Drink].".
- Grill Tipps: Der Skill, den du mit "Alexa, öffne Grill Tipps" startest, liefert Tipps und Tricks rund ums Thema Barbecue.
- Eier-Kocher: Ein praktischer Helfer für das Kochen des perfekten Eis.
- Nutella: Sage "Alexa, frage Nutella nach dem Rezept des Tages.", um leckere Backrezepte mit Nutella vorgeschlagen zu bekommen.
- Backhexe: Egal ob ein Hefeteig, ein Mürbeteig oder ein Teig für Brötchen - dieser Skill versorgt dich mit den besten Teigrezepten.

Film und Fernsehen

- Fernsehprogramm: Der TV Digital Skill hält dich auf dem Laufenden was das aktuelle Fernsehprogramm betrifft. Sage "Alexa, frage Fernsehprogramm was heute Abend läuft." oder erfrage Informationen zu speziellen Sendungen mit dem Befehl "Alexa, frage Fernsehprogramm wann [Sendung] läuft.".
- Gelbe Seiten Kino: Mit diesem Skill kannst du Alexa zum Kinoprogramm befragen. Lege zunächst ein oder mehrere Lieblingskinos in deiner Nähe fest und sage dann "Alexa, frage Gelbe Seiten was am Samstag im Kino läuft."
- Film Roulette: Wenn du die Qual der Wahl hast und nicht weißt, welchen Film du schauen sollst, kann dir dieser Skill weiterhelfen. Sage "Alexa, öffne Film Roulette." und lasse dir einen zufällig gewählten Film inklusive Beschreibung vorschlagen.

- You Are Wanted: Schlüpfe in die Rolle eines Journalisten und führe ein Interview mit Matthias Schweighöfer, dem Star der Amazon Serie "You Are Wanted".
- Neue Sternzeit: Der Skill für Fans der Star Trek Serie informiert über die aktuelle Sternzeit.
- Serien Kiste: Wer sich nicht für eine Serie entscheiden kann, findet hier gute Vorschläge.
- Tipps von R2D2: Frage R2D2 nach dem Sinn des Lebens oder aber, wie du einen Todesstern zerstören kannst. Ein unterhaltsamer Skill für echte Fans.
- Pastewka Quiz: Der Skill für Liebhaber der Serie Pastewka unterhält mit lustigen Anekdoten und testet dein Wissen in einem spannenden Quiz.

Gesundheit und Fitness

- Gehirnjogging: Probiere zwei Trainingsmethoden in fünf verschiedenen Schwierigkeitsgraden aus, um dein Gehirn auf Trab zu halten. Du kannst laufende Trainingseinheiten mit dem Befehl "Alexa, Pause." pausieren und später mit "Alexa, Gehirnjogging fortsetzen" genau dort weitermachen, wo du aufgehört hast.
- TK Smart Relax: Hier dreht sich alles um Entspannung. Der Skill bietet eine Auswahl an Entspannungsmethoden, z.B. die progressive Muskelentspannung, in unterschiedlichen Längen und unterlegt mit den Entspannungsgeräuschen deiner Wahl an.
- Fitbit: Fitbit hilft dir, deine Fitnessziele zu erreichen. Speichere verschiedene Fitnessziele ab und informiere dich jederzeit über deinen Fortschritt. Sage z.B. "Alexa, frage Fitbit wie viele Schritte bin ich heute gegangen.".
- Abnehmtipps: Greife auf eine Sammlung von über 100 Abnehmtipps zu. Sage "Alexa frage Abnehmtipps nach einem Tipp."

- Einschlafgeräusche: Wer Schwierigkeiten hat, einzuschlafen, kann sich von diesem Skill helfen lassen. Er spielt verschiedene Natur- und Umweltgeräusche ab, die das Einschlafen unterstützen.
- Zähne putzen: Der Skill spielt einen zufälligen Song und leitet das Zähneputzen an.
- Diabetes Hilfe: Dieser Skill wurde speziell für Diabetiker entwickelt und leistet Hilfestellung zum richtigen Verhalten bezüglich der gemessenen Blutzuckerwerte.
- Barmer Schlafenszeit: Wenn du unter Schwierigkeiten beim Einschlafen leidest, solltest du diesen Skill einmal ausprobieren. Teste vier verschiedene Einschlafhilfen - höre dir Entspannungsmusik an, lausche verschiedenen Klangwelten, z.B. einem Kaminfeuer oder einem sanften Wind, begib dich auf eine von drei Traumreisen oder halte dich an das klassische Schäfchen zählen.
- Apotheken Info: Erfahre, welche Apotheken in deiner Nähe Notdienst haben.
- Lebensmittel Auskunft: Lerne mehr über den Nährwert diverser Lebensmittel. Frage z.B. "Alexa, frage Lebensmittelauskunft wie viel Fett ist in [Zahl] Gramm [Lebensmittel]?".

Lifestyle

- Meine Geburtstage: Zu Beginn erhältst du einen Code, mit dem du dich auf der Website *www.oredein.com/alexa/birthday/* anmelden kannst. Dort kannst du manuell Geburtstage eintragen, die du im Anschluss mit "Alexa, frage meine Geburtstage wann hat [Name] Geburtstag." abfragen kannst.
- Langeweile Killerin: Mit "Alexa, sage Langeweile Killerin, dass mir langweilig ist." greifst du auf über 100 Vorschläge gegen Langeweile für Einzelpersonen und Gruppen zu.
- Daily Challenge: Sage "Alexa, frage Daily Challenge nach einer Herausforderung." und erhalte täglich spannende

Vorschläge für Herausforderungen, um dein Leben interessanter zu gestalten.
- Gala: Sage "Alexa, öffne Gala." und teste dein Promi-Wissen in verschiedenen Quizzes.
- Horoskop: Erfahre, wie die Sterne für dich stehen. Sage "Alexa, frage Horoskop nach dem Horoskop für [Sternzeichen]."
- Empfangsdame: Sage "Alexa, begrüße [Name]." oder "Alexa, ich möchte dir [Name] vorstellen.", um Alexa dazu aufzufordern, deine Gäste mit abwechslungsreichen Phrasen zu begrüßen.
- Morgenroutine: Dieser Skill stellt eine morgendliche, 5-minütige Routine zur Verfügung, mit der du gut in den Tag startest und diesen fokussiert beginnen kannst.
- Pillenbox: Wer täglich auf die Einnahme von Medikamenten angewiesen ist, weiß, dass es nicht immer einfach ist, sich zu merken, ob man ein bestimmtes Medikament bereits eingenommen hat oder nicht. Dieser Skill schafft hier Abhilfe. Speichere deine Medikamente ein, sage Alexa, wann du welches genommen hast oder frage sie, welche du heute noch einnehmen musst.
- Gesundheitsgöttin: Der Skill merkt sich für dich, wann du mit dem Rauchen oder Trinken aufgehört hast und sagt dir außerdem, wie viel Geld du mit deinem Verzicht bereits gespart hast. Sage z.B. "Alexa, frage Gesundheitsgöttin seit wann ich Nichtraucher bin."

Lokales

- HVV: Der Skill der Hamburger Hochbahn AG kennt das gesamte Liniennetz und beantwortet deine Fragen zu Verbindungen und Abfahrtszeiten.
- Verkaufsoffene Sonntage: Finde anstehende Termine für verkaufsoffene Sonntage deutschlandweit.
- MyRudolf - dein Öffi Guide in Wien: Der Skill zum Netz der öffentlichen Verkehrsmittel in der Stadt Wien

informiert dich über Linien, Verbindungen und Fahrtzeiten.
- Event Guru - Entdecke Konzerte: Frage Alexa nach Konzerten in deiner Gegend und erhalte Vorschläge inklusive einer Hörprobe in Form eines Songs. Sage "Alexa, schicke mir das Konzert per Mail." und erhalte Infos zu Events, die dich interessieren.

Musik und Audio

- radio.de: Innerhalb dieses Skills kannst du nach Sendern, Städten und Musikrichtungen suchen, um deinen Lieblingsradiosender zu finden.
- Deutsche Charts: Höre die aktuellen deutschen MTV Charts mit dem Befehl "Alexa, öffne deutsche Charts."
- Naturgeräusche: Sage "Alexa, öffne Naturgeräusche." und wähle aus einer Auswahl an natürlichen Klängen.
- Geschichtentresor: Lausche einer Auswahl an spannenden Geschichten und beantworte knifflige Rätselfragen.
- Baby Einschlafhilfe: Sechs sanfte Einschlafgeräusche, z.B. der Wasserhahn oder der Fön, helfen deinem Baby beim Einschlafen. Der integrierte Einschlaf-Timer schält das Geräusch auf Wunsch automatisch nach 30 Minuten ab.
- Weihnachtslieder: Die schönsten, vorweihnachtlichen Lieder in einem Skill.
- 1000 Schlager: Sage "Alexa, starte Tausend Schlager.", um durch eine Vielzahl beliebter Schlager zu stöbern.
- Trommelwirbel: Manche Situationen verlangen nach einem Trommelwirbel. Dieser Skill lässt dich aus drei verschiedenen Varianten wählen und unterstreicht auf den Befehl "Alexa, starte Trommelwirbel." hin jede Ankündigung mit einem angemessenen Trommelwirbel.

Nachrichten

- BILD: Mit diesem Skill kannst du die neuesten BILD-Meldungen von Alexa erfahren.
- Tagesschau in 100 Sekunden: Alle Infos der Tagesschau aktuell zusammengefasst in 100 Sekunden.
- ZDF heute Xpress: Stündlich aktualisierte Nachrichten, die du dir nicht nur anhören, sondern auf deinem Echo Show oder Spot auch ansehen kannst.
- Wachhund: Dieser Skill richtet sich direkt an Hundehalter und informiert über Giftködermeldungen, sodass der Spaziergang mit dem Vierbeiner sicher bleibt.
- Papa.de: Ein Elternmagazin mit lebensechten Geschichten aus der Sicht von Vätern.
- Gaming-News: Erhalte aktuelle News zum Thema Gaming und nimm an Gewinnspielen teil.
- Deutschlandfunk Nachrichten: Höre stündlich die aktuelle Nachrichtensendung des Deutschlandfunks.
- CURVED: Hier dreht sich alles um Geräte mit Touchscreen. Erfahre mehr über Smartphones, Tablets und Co. mit dem Skill für Touchscreen-Fans.
- HORIZONT: Das Magazin versorgt dich mit den neuesten Meldungen zu den Themen Marketing, Werbung, Medien und digitale Kommunikation.
- Heise online: Dieser Skill hält dich über Neuigkeiten aus IT, Wissenschaft, Medien und Politik auf dem Laufenden.
- COMPUTER BILD News: Du interessierst dich für News zum Thema Technik? Dann könnte dieser Skill genau das Richtige für dich sein.
- Weltgeschichte: Informiere dich über die Weltgeschichte in sechs unterschiedlichen Kategorien, z.B. Sport, Kultur und Gesellschaft, und erfahre mehr über historische Figuren, die am jeweiligen Tag geboren sind.

- Was jetzt?: Dieser Skill versorgt dich mit den wichtigsten News des Tages, zur Verfügung gestellt vom ZEIT ONLINE Magazin.

Neuheiten und Humor

- Einhorn Fakten: Dieser Skill präsentiert märchenhafte, historische Fakten für Einhorn-Fans.
- Roter Alarm: Lasse Alexa den roten Alarm abspielen.
- Glückskeks: Sage "Alexa, frage Glückskeks nach einem Spruch.", um abwechslungsreiche Lebensweisheiten zu erhalten.
- Schimpf mal: Dieser Skill übernimmt das Schimpfen auf hohem Niveau für dich.
- Runde Mitleid: Sage "Alexa, frage Runde Mitleid nach Mitleid für [Name]?" und sorge dafür, dass jeder das Mitleid bekommt, das ihm zusteht.
- Sprücheklopfer: Zaubert mit flotten Sprüchen ein Lächeln auf deine Lippen.
- Katzen Simulator: Du bist ganz verrückt nach Katzen? Dieser Skill spielt verschiedene Katzensounds ab und gibt dir so das Gefühl, von deinen flauschigen Lieblingen umgeben zu sein.
- Der Skill für die Gästetoilette: Lasse deine Gäste auf der Toilette von Alexa begrüßen und unterhalten.
- Pups Generator: Wer Fürze lustig findet, wird Gelegenheiten finden, diesen Skill optimal einzusetzen.
- Schiffswaffen: Dieser Skill sorgt für die akustische Untermalung deiner Weltraumgefechte im eigenen Wohnzimmer. Sage z.B. "Alexa, lade Schiffswaffen und feuere drei Photonentorpedos."
- Bierflasche: Bringe mit zahlreichen Trinksprüchen Schwung in deine Party.

Produktivität

- Stundenplan: Speichere einen oder mehrere Stundenpläne auf der Website *www.mnbvcx.eu/stundenplan/* ab und erhalte zukünftig alle Infos von Alexa. Frage z.B. "Alexa, hat [Name] morgen [Unterrichtsfach]?" oder "Alexa, wann hat [Name] heute Schluss?."
- Ich vergess nix: Verwende diesen Skill, um dir Namen und Zahlen zu merken. Sage "Alexa sage Ich vergess nix, dass er sich die Zahl/ den Namen [Zahl/Name] merken soll." und rufe die gemerkten Angaben mit dem Befehl "Alexa, frage Ich vergess nix welche Zahl/welchen Namen er sich gemerkt hat." ab.
- Event Liste: Verknüpfe deinen Facebook-Account und behalte alle Events, für die du dich interessierst, im Blick.
- Mail Meister: Hierbei handelt es sich um einen sprachgesteuerten Google Mail Assistenten, der Mails vorliest, in den Papierkorb verschiebt oder als gelesen markiert.
- SprachBox: Mit diesem Skill lässt sich die Mailbox eines Festnetzanschlusses abhören.
- Wickeltasche: Bei einem Ausflug mit Baby muss an so einiges gedacht werden. Der Skill hilft dir dabei, nichts mehr Zuhause zu vergessen.
- Push Nachricht: Versende Push Nachrichten an Kontakte, die die "iqmeta" App (erhältlich im App Store/Google Play Store) nutzen.
- Telekom: Rufe neue Mails in deinem T-Online Email Account ab.
- Easy Memo: Vergesse nie wieder einen Geistesblitz - dieser Skill erlaubt es dir, kurze Sprachaufnahmen abzuspeichern, dir vorlesen zu lassen, zu verwalten und auf Wunsch wieder zu löschen.

Reise und Transport

- Deutsche Bahn: Suche nach Bus- und Bahnverbindungen der deutschen Bahn. Sage beispielsweise "Alexa, frage Deutsche Bahn nach einer Verbindung von [Stadt] nach [Stadt] am [Datum] um [Uhrzeit]."
- Mytaxi: Dieser Skill bestellt dir auf den Befehl "Alexa, sage mytaxi ich möchte Zuhause abgeholt werden." hin ein Taxi.
- FlixBus: Dieser Skill informiert dich über Verbindungen und Fahrtzeiten von FlixBus.
- Fahrrad Finder: Dieser Skill findet Fahrräder von Nextbike oder der deutschen Bahn in deiner Nähe.
- Sixt Autovermietung: Reserviere einen Mietwagen oder suche nach Sixt Filialen in deiner Umgebung.
- car2go: Frage nach verfügbaren CarSharing-Autos und speziellen Fahrzeugmodellen in deiner Nähe und reserviere diese für maximal 30 Minuten.
- Staumeldungen Deutschland: Frage nach Staus auf einzelnen Autobahnen oder in ganzen Bundesländern. Auch Baustellen werden berücksichtigt.
- Fahrtzeit: Der Skill verwendet Google Maps, um die Fahrtzeit mit dem Auto zwischen zwei Orten zu berechnen. Sage hierfür "Alexa, frage Fahrtzeit wie ist die Dauer von [Ort] zu [Ort]?".
- Blitzerheld: Dieser Skill gleicht deine Route mit Blitzerdatenbanken ab, um dich vor Blitzern auf deiner Strecke zu warnen. Wenn du dem Skill die Berechtigung erteilst, auf deinen Gerätestandort zuzugreifen, musst du lediglich den Zielort angeben. Sage z.B. "Alexa, frage Blitzerheld nach Blitzern auf dem Weg nach [Ort]." Möchtest du den Zugriff nicht erlauben, funktioniert der Skill natürlich trotzdem. Du musst dann lediglich Start- und Zielort angeben.
- Entfernungsrechner: Du möchtest wissen, wie viele Kilometer dich von deinem Traumziel trennen? Sage

einfach "Alexa, frage Entfernungsrechner nach der Distanz von [Startort] zu [Zielort]."
- Fluege.com: Suche nach Flugverbindungen zu bestimmten Reisezielen und informiere dich über die Ticketpreise. Hast du dich für einen Flug entschieden, so nennt dir Alexa einen Code, mit dem du direkt zu deinem Angebot auf der Website fluege.com gelangst.
- Swoodoo - billige Flüge, Hotels und Mietwagen: Plane deine Reise mit Alexa und diesem praktischen Skill. Suche nach Flügen, Hotels und Mietwagen, vergleiche Preise und erhalte Updates zu gebuchten Flügen. Du kannst außerdem eine Budgetsuche starten, um zu erfahren, wohin du innerhalb deines festgelegten Budgets reisen kannst.
- Naturparks: Du liebst die Natur und verbringst deine Freizeit gerne draußen? Diese App hilft dir, die schönsten Parks deutschlandweit zu finden. Frage beispielsweise "Alexa, welche Naturparks gibt es in [Bundesland]?" und lerne tolle, idyllische Orte kennen.

Shopping

- Bring! Einkaufsliste: Der beliebte Skill hilft dir, deine Einkaufslisten zu verwalten.
- real,-: Greife auf aktuelle Angebote und Aktionen des Supermarkts Real zu.
- Vergleich.org Produktempfehlung: Vergleicht Produkte und empfiehlt dir das Beste aus verschiedenen Kategorien. Sage z.B. "Alexa, frage Vergleich.org nach dem besten [Produkt]."
- MonsterDealz.de: Der Skill zum Schnäppchen-Blog informiert dich über die lohnenswertesten Deals.
- Douglas Duftberatung: Dieser Skill ermittelt anhand fünf einfacher Fragen individuelle Duftvorschläge für dich.
- Schnäppchen des Tages: Informiere dich über die besten Deals des Tages.

- BOOK A TIGER: Dieser Skill unterstützt dich beim Wohnungsputz mit Reinigungstipps und bucht auf Wunsch eine geschulte Haushaltshilfe.
- Bio: Erfahre mehr über Biohändler und aktuelle Angebote in deiner Nähe.
- CHIP Bestenlisten: Bist du auf der Suche nach einem neuen Smartphone, einer Kamera oder einem Tablet? Oder möchtest du dich genauer über verschiedene Saugroboter, Drucker oder Grafikkarten informieren? Dann solltest du dir diesen Skill zulegen. Hier erfährst du mehr über die besten Produkte in verschiedenen Kategorien, inklusive kompakter Testberichte.

Smart Home

- Hue: Der Skill zu den smarten Hue Lichtern von Phillips.
- Yonomi: Dieser Skill ermöglicht dir, Routinen zu erstellen, sodass sich beispielsweise Fernseher und Radio abschalten oder die Türen schließen, wenn du die "Einschlafroutine" startest.
- fbox.cloud: Dieser Skill verbindet Alexa mit AVM Fritz!Boxen und erlaubt die Sprachsteuerung smarter Thermostate und Lampen.
- IKEA TRADFRI: Der zugehörige Skill der smarten IKEA Beleuchtungen.
- ioBroker SmartHome: Vereint die Steuerung verschiedener Smart Home Geräte in einem Skill. Die Einrichtung über die Website //iobroker.net ist vergleichsweise zeitintensiv, da unter anderem verschiedene Gerätenamen festgelegt werden müssen. Eine Anleitung findest du in der Beschreibung dieses Skills.
- Symcon: Der Skill für die Sprachsteuerung IP-Symcon unterstützter Produkte.
- Harmony: Dies ist der Begleitskill zu den Harmony Hub-Fernbedienungen.

- Sonos: Steuere deine Musik über die Sonos Lautsprecher mittels deiner Sprache.
- Heim-Wetterstation: Der zugehörige Skill zur Netatmo Wetterstation informiert dich über zahlreiche Aspekte, z.B. über die Außen- und Innentemperaturen, über die Luftfeuchtigkeit oder den Geräuschpegel.

Soziale Netzwerke

- YouTube Trends (Inoffiziell): Informiere dich mit diesem Skill über die aktuellen YouTube-Trends.
- Steam Freunde: Frage einfach Alexa, wenn du wissen willst, ob einer deiner Freunde gerade bei Steam online ist. Sage z.B. "Alexa, frage Steam Freunde ob jemand etwas spielt."
- Twitter Trends (inoffiziell): Twitter ist deine Welt? Dann nutze diesen Skill, um immer die neusten Trends zu kennen.
- Tweet reader: Lasse dir Tweets bestimmter Twitter-Nutzer vorlesen. Sage z.B. "Alexa, frage Tweet reader nach den letzten [Zahl] Tweets von [Nutzer]."
- YO!S: Kennst du YourStories? Hier teilen kreative Köpfe ihre Geschichten mit der Welt und auch du selbst kannst deine Erzählungen veröffentlichen. Dies ist der zugehörige Skill, mit dem du YO!S nach den neusten und schönsten Geschichten durchsuchen kannst.

Spiele, Quiz und Zubehör

- Akinator: Denke an eine Person oder an eine fiktive Figur und beantworte dem Akinator ein paar Fragen - er wird herausfinden, woran du denkst.

- Mein Auftrag: Dieser Skill lässt dich in die Rolle eines Detektivs schlüpfen. Alexa wird dir als deine Sekretärin bei der Lösung von Aufträgen zur Seite stehen.
- Rollenspiel Soloabenteuer: Nach der Erstellung eines Charakterbogens auf der Website *www.helden-software.de* kannst du vier verschiedene interaktive Abenteuer durchlaufen.
- Shot oder Spott: Ein Trinkspiel, das dich zwischen einer Mutprobe oder einem Shot wählen lässt.
- Was singt Dave?: Höre genau zu, wenn Dave...nun ja, "singt" und errate den Hit.
- Lügenbaron - Wahrheit oder Lüge?: Entscheide, ob der Lügenbaron die Wahrheit sagt oder versucht, dir einen Bären aufzubinden.
- Richtig oder falsch? Beantworte Fragen im Mehrspielermodus.
- Flaschendrehen - Wahrheit oder Pflicht: Das beliebte Partyspiel verpackt in einem Skill.
- Rotkäppchen: Eine interaktive Version des klassischen Grimm-Märchens.
- Tierspiel: Denke an ein bestimmtes Tier und lass dich überraschen, wie viele Fragen Alexa dir stellen muss, bevor sie es errät.
- Stadt, Land, Fluss: Spiele das beliebte Spiel gegen Alexa.
- 4 Geräusche 1 Wort: Die App "4 Bilder 1 Wort" kennst du sicherlich. Dieses Spiel funktioniert ganz ähnlich. Lausche 4 Geräuschen und versuche das gesuchte Wort zu finden.
- Der Boden ist Lava: Dieses Spiel wird dich in deine Kindheit zurückversetzen - Alexa fordert dich zu einer Runde "der Boden ist Lava" heraus.
- Das Millionen Quiz: Dieser Skill basiert auf dem Prinzip der TV-Show "Wer wird Millionär". Beantworte abwechslungsreiche Fragen, setzte verschiedene Joker ein und gewinne die (virtuelle) Million.
- Das inoffizielle Harry Potter Ratespiel: Beantworte Multiple Choice Fragen rund um die Harry Potter Bücher und Verfilmungen.

- Meine Familie: Dieser Skill ermöglicht es dir, eine virtuelle Version deiner Familie zu erstellen, sie interagieren zu lassen, Straf- und Bonuspunkte zu verteilen, jemanden zum "Chef des Tages" zu machen, Geburtstage zu hinterlegen und Abstimmungen durchzuführen.
- Mein Papagei: Ein Skill, der dir ein kleines Plappermaul ins heimische Wohnzimmer bringt. Der Papagei wiederholt alles, was du ihm per Spracheingabe vorgibst.
- Potterhead Zuordnungszeremonie: Fans der Harry Potter Reihe können mit diesem Skill an der jährlichen Zuordnungszeremonie teilnehmen und erfahren, zu welchem Haus sie gehören.
- Prank Assistant: Wenn du eine diebische Freude daran hast, deine Freunde zu pranken, solltest du dir diesen Skill zulegen. Er unterstützt dich bei 9 verschiedenen, genialen Pranks.

Sport

- TorAlarm: Aktiviere mit dem Sprachbefehl "Alexa, aktiviere Benachrichtigungen für [Fußballmannschaft]." deine Lieblingsmannschaften und erhalte eine Mitteilung, wann immer ein Tor fällt.
- Sportschau: Die wichtigsten Nachrichten der Sportschau in 100 Sekunden.
- Formel 1 Fan: Mit diesem Skill bleibst du auf dem neuesten Stand, was Geschehnisse in der Formel 1 betrifft.
- American Football Spielplan: Erfahre mehr über anstehende Spiele und Football Clubs.
- Meine Liga: Alle Infos der ersten und zweiten Fußballbundesliga.
- Eishockey Guru: Du interessierst dich für Eishockey? Dann solltest du dir diesen Skill einmal genauer

ansehen. Frage nach Spielen, Mannschaften und Tabellenplätzen.
- Schach: Spiele Schach gegen Alexa oder deine Freunde.
- GolfsTopTen von www.i-like.golf: Informiere dich über die aktuellen Platzierungen und anstehende Turniere.
- Tennis: Erhalte täglich aktuelle Tennis-News.

Vernetztes Auto

- BMW Connected: Dieser Skill unterstützt BMW Fahrzeuge ab Baujahr 2014. Verriegele die Autotüren, plane Fahrten und regele die Temperatur mit Alexas Hilfe.
- SEAT: Buche mit diesem Skill eine SEAT Probefahrt.
- Benzinpreise: Finde die günstigsten Preise für Benzin in deiner Nähe. Sage "Alexa, frage Benzinpreise wo ist [Benzinart] in [Stadt] günstig."
- Billigtanke: Mit diesem Skill nennt dir Alexa die aktuell billigste Tankstelle im Umkreis von 4 Kilometern.
- Kennzeichen Deutschland: Sage "Alexa, frage Kennzeichen Deutschland nach [Buchstabenkombination].", um zu erfahren, welches Kennzeichen für welches Gebiet steht.
- Mercedes Me: Greife bequem von Zuhause auf deinen Mercedes zu.
- AutoGuru: Frage nach Kennzeichen, Sprüchen und Fakten rund ums Thema Auto und schließe beispielsweise die Türen, starte die Standheizung oder frage nach fälligen Services.

Wetter

- WetterOnline: Frage nach dem Wetter im Allgemeinen, nach dem Schneebericht oder nach kommendem Regen an Orten auf der ganzen Welt.
- wetter.com: Der Skill teilt nicht nur Informationen zum aktuellen Wetter, sondern bietet auch eine umfassende 16-Tages Wettervorhersage.
- Bauernregel: Rufe mit dem Befehl "Alexa, öffne Bauernregel." die Bauernregel für den jeweiligen Tag oder Monat ab.
- Wetter: Der Wetter Skill von Amazon liefert einen Bericht mit aktuellen Messwerten.
- Wetterwarnung: Dieser Skill informiert dich über Unwetter und extreme Wetterbedingungen deutschlandweit, auch auf Gemeindeebene und versorgt dich mit Empfehlungen hinsichtlich des sicheren Verhaltens während kritischer Wetterbedingungen.
- Schneeinfo: Du kannst den ersten Schnee kaum erwarten oder möchtest wissen, wo du derzeit Skifahren gehen kannst? Dann ist dieser Skill bestens für dich geeignet. Frage beispielsweise "Alexa, wie viel Schnee liegt in [Skigebiet]?".

Wirtschaft und Finanzen

- Börse Frankfurt: Sage "Alexa, frage Börse Frankfurt nach dem Kurs für [Unternehmen]." oder gebe den Befehl "Alexa, frage Börse Frankfurt nach meinem Marktüberblick.", um einen Überblick über die Märkte zu erhalten.
- Bitcoin Kurs: Der Skill ermittelt den aktuellen Bitcoin Kurs in Euro und Dollar.

- comdirect: Frage in Echtzeit Kursstände ab und erstelle Favoritenlisten, um den, für den Echo Show optimierten, Skill zu personalisieren.
- Allianz: Dieser Skill beantwortet Fragen rund ums Thema Allianz Versicherung. Du kannst nach Preisen verschiedener Versicherungen fragen, dir Begriffe wie "Teilkasko" erklären lassen und herausfinden, wo du eine Allianz Filiale in deiner Nähe findest.
- TraderFox: Dieser Skill versorgt dich mit Börsenzitaten, Trading-Ideen und Marktberichten. Du kannst speziell nach Kursgewinnern und -verlierern oder nach aktuellen Top-Storys fragen.
- Währungsrechner SimpleCurrency: Mit diesem Skill rechnet Alexa verschiedene Währungen für dich um. Sage z.B. "Alexa, starte Währungsrechner und frage, wie viel [Währungseinheit] [Zahl] Euro sind."
- Smartsteuer: Der Skill unterstützt dich bei der Steuererklärung und beantwortet Fragen zum Thema.
- Verivox: Auf den Befehl "Alexa, frage Verivox, wie viel ich bei Strom/Gas sparen kann." hin stellt dir Alexa einige Fragen. Im Anschluss bekommst du die besten Tarifangebote per E-Mail zugeschickt.
- Jobsuche: Suche nach neuen Stellenangeboten in deiner Stadt oder innerhalb eines festgelegten Umkreises.
- Flip: Erklärt Versicherungen und ermöglicht einen Peergroup-Vergleich, mit dem du herausfinden kannst, welche Versicherungen Menschen, die sich in einer ähnlichen Lebenssituation wie du befinden, abgeschlossen haben.
- Seowissen: Durchstöbere Fakten zum Onlinemarketing, sowie zum Thema Suchmaschinenoptimierung.

Kapitel 6: Smart Home

Besonders hilfreich ist der Amazon Echo für alle, die ihr Zuhause smarter gestalten möchten. Unter der Schaltfläche "Smart Home" im Menü der Alexa App kannst du Geräte hinzufügen und Gerätegruppen erstellen. Je nach Gerät und Hersteller ist dafür die Aktivierung bestimmter Skills notwendig. Im Anschluss kannst du Geräte in der App suchen, hinzufügen und gegebenenfalls Anpassungen vornehmen. Die Voraussetzung für eine Verbindung ist selbstverständlich, dass das zu verbindende Gerät selbst smart ist. Smart Home Geräte werden mittlerweile auch in Deutschland von verschiedenen Herstellern, z.B. Philips oder IKEA, angeboten und die Zahl der smarten Geräte auf dem Markt steigt täglich. Die Nachfrage ist groß - kein Wunder, schließlich ist ein smartes Zuhause nicht nur angenehm praktisch, sondern auch aufregend.

Kompatible Produkte

Aber welche Produkte sind denn nun mit Alexa kompatibel? Die Auswahl ist groß. In diesem Kapitel findest du eine Liste der beliebtesten, bekanntesten und neuesten Smart Home Produkte, die über Alexa gesteuert werden können.

- Heizthermostate: Du willst die Heizung im Bad andrehen, noch bevor du aus dem Bett geschlüpft bist? Mit den smarten Thermostaten, die unter anderem von Bitron und Honeywell angeboten werden, ist das kein Problem.
- Steckdosen und Zwischenstecker: Sogenannte Smart Plugs machen herkömmliche Produkte smart und können beispielsweise vor Kaffeemaschinen und Fernseher gesteckt werden. Die smarten Stecker werden beispielsweise von der Firma ELEGIANT produziert.
- Kameras: Eine Überwachungskamera mit Sprachfunktion ist die moderne Version einer

klassischen Gegensprechanlage. Hergestellt werden solche Kameras unter anderem von den Unternehmen Honeywell, Blink XT und Devolo.
- Türschlösser: Sogenannte Smart Locks können sprachgesteuert verschlossen und geöffnet werden. Du findest die smarten Türschlösser bei Herstellern wie August und Nuki.
- Kopfhörer: Smarte Kopfhörer gibt es unter anderem von Air oder Vinci.
- Lautsprecher: Alexa kann mit allen Bluetooth-fähigen Lautsprechern verbunden werden oder Musik direkt über die Echo Modelle abspielen.
- Lampen: Mit smarten Lampen hast du die Beleuchtung im gesamten Haus per Sprachsteuerung voll im Griff. Angebote gibt es unter anderem von den Firmen Philips, IKEA und LOHAS.
- Lichtschalter: Smarte Schalter findest du z.B. von Philips oder Sonoff.
- Autos: Vernetzte Automodelle kommunizieren mit dem Fahrer, ersetzen das Navigationssystem und informieren z.B. über den Tankstand. Führende Marken sind hier BMW und Ford.
- Backöfen: Die Firma Siemens produziert Backöfen mit integrierter Mikrowellenfunktion, die sprachgesteuert funktionieren.
- Duftspender: Der Aroma-Diffuser von AOZBZ verströmt verschiedene Düfte per Sprachbefehl.
- Fernseher: Viele neue Modelle sind von Haus aus mit Alexa kompatibel. Doch auch wenn du einen älteren Fernseher besitzt, kannst du diesen mit dem FireTV Stick ganz einfach nachrüsten.
- Gardinen: "Slide" nennt sich die smarte Gardinensteuerung, die die Gardinen auf Zuruf auf und zu bewegt.
- Geschirrspüler: Smarte Geschirrspüler gibt's von der Firma Siemens.
- Kaffeemaschinen: Bei Tchibo ist die smarte Kaffeemaschine Qbo erhältlich.

- Waschmaschinen: Auch hier wirst du bei Siemens fündig.
- Saugroboter: Unter anderem stellen Vorwerk und iRobot intelligente Saugroboter her.
- Tablets: Das FireTablet von Amazon ist mit Alexa kompatibel.
- Fernbedienung: Über Amazon ist eine Alexa Sprachfernbedienung erhältlich.
- Bewegungsmelder: Intelligente Bewegungsmelder erhältst du unter anderem bei Philips und innogy.
- Wetterstation: Die Netatmo Wetterstation misst Innen- und Außentemperatur und teilt dir diese mit.

Bei so vielen Möglichkeiten, dürfen wir gespannt sein, was die Zukunft noch für uns bereithält.

Kapitel 7: Schmunzelecke

Die sogenannten Easter Eggs, zu Deutsch also Ostereier, verstecken sich überall. Es handelt sich dabei um nette Extrafunktionen, die von humorvollen Programmierern eingebaut wurden. Sage die folgenden Sätze und lass dich überraschen, wie Alexa reagiert. Viel Spaß beim Ausprobieren!

- "Alexa, wer ist der Mörder?"
- "Alexa, willst du ein Bier?"
- "Alexa, Selbstzerstörung."
- "Alexa, deine Mutter war ein Hamster."
- "Alexa, warum ist die Banane krumm?"
- "Alexa, 99 Luftballons."
- "Alexa, wie heißt das Zauberwort?"
- "Alexa, du vervollständigst mich."
- "Alexa, ich bin traurig/depressiv."
- "Alexa, mach den Abwasch!"
- "Alexa, alles Roger in Kambodscha?"
- "Alexa, gehst du mit mir aus?"
- "Alexa, Widerstand ist zwecklos!"
- "Alexa, glaubst du an Gott?"
- "Alexa, glaubst du an Geister?"
- "Alexa, Romeo oh Romeo."
- "Alexa, sing Jingle Bells/Oh Tannenbaum/Klingglöckchen/Schneeflöckchen Weißröckchen."
- "Alexa, wann geht die Welt unter?"
- "Alexa, warum ist der Himmel blau?"
- "Alexa, Partytime."
- "Alexa, wer hat zuerst geschossen?"
- "Alexa, hast du mal Feuer?"
- "Alexa, was möchtest du werden, wenn du groß bist?"
- "Alexa, habe die Ehre."
- "Alexa, ich könnte kotzen."
- "Alexa, kannst du beatboxen?"
- "Alexa, Tschüssikowski."

- "Alexa, ich bin dann mal weg."
- "Alexa, was hältst du von der Zeitumstellung?"
- "Alexa, hoch auf dem gelben Wagen."
- "Alexa, bist du verheiratet?"
- "Alexa, was ist die erste Regel des Fight Clubs?"
- "Alexa, ich bin dein Vater."
- "Alexa, keine Panik."
- "Alexa, wer ist die Schönste hier?"
- "Alexa, magst du Einhörner?"
- "Alexa, überrasche mich."
- "Alexa, du bist entlassen!"
- "Alexa, kannst du klingonisch sprechen?"
- "Alexa, alle Menschen müssen sterben."
- "Alexa, wozu ist Krieg gut?"
- "Alexa, was hältst du von Politik?"
- "Alexa, bist du Feministin?"
- "Alexa, Mahna Mahna."
- "Alexa, backe backe Kuchen."
- "Alexa, ich bin ein Star, hol mich hier raus."
- "Alexa, okay Google."
- "Alexa, warum liegt hier eigentlich Stroh?"
- "Alexa, gibt es Außerirdische?"
- "Alexa, Ende gut alles gut."

Das sind nur einige der vielen Überraschungen, die es mit Alexa zu entdecken gilt. Bestimmt findest du selbst noch zahlreiche weitere unterhaltsame Easter Eggs.

Kapitel 8: Tipps & Tricks

In diesem Kapitel findest du einige Tipps, Tricks und interessante Hinweise rund um deine Möglichkeiten mit Alexa und dem Echo.

Sprachtraining

Du selbst kannst Alexa schon bald ein Sprachtraining erteilen und ihr durch das Kennenlernen deiner Sprechweise zu einer besseren Spracherkennung verhelfen. Alexa lernt, verschiedene Stimmen zu erkennen und Gesprächsverläufe so noch individueller anzupassen. Innerhalb des Sprachtrainings wirst du gebeten, zehn Sätze vorzulesen, wobei du möglichst normale Nutzungsbedingungen einhalten solltest. Das heißt: Sprich weder langsamer, noch deutlicher als sonst, sondern behalte deine natürliche Sprechweise bei. Stelle dich außerdem nicht genau vor deinen Echo und spreche ins Mikrofon, sondern wahre einen Abstand zum Gerät, der dem in der täglichen Nutzung entspricht. Noch ist diese Funktion in Deutschland nicht nutzbar, dies soll sich jedoch zeitnah ändern. Schon bald wird Alexa auf die Frage "Alexa, wer bin ich?" eine Antwort wissen.

Haushalt einrichten

Du hast die Möglichkeit, deinem Haushalt Personen, also weitere Nutzer, hinzuzufügen. Gehe dafür in die Einstellungen und wähle die Schaltfläche "Haushaltsprofil". Hier kannst du nun einen weiteren Nutzer eintragen. Dafür ist selbstverständlich die Angabe einiger Daten dieses Nutzers nötig, sodass die Einrichtung einige Minuten in Anspruch nehmen kann. Beachte, dass Personen, die hier als Nutzer eingetragen sind, Einkäufe über hinterlegte Bankverbindungen tätigen können. Du solltest dir also gut überlegen, wen du deinem Haushalt hinzufügst und diese Entscheidung nicht leichtfertig treffen.

Du kannst Alexa mit dem Befehl "Alexa, welches Konto ist das?" fragen, welches Benutzerprofil aktuell aktiv ist und mit dem Befehl "Alexa, Konto wechseln" zwischen den Konten wechseln.

Möchtest du eine Person aus dem Haushalt entfernen, kannst du das in den Einstellungen unter "In einem Amazon-Haushalt mit [Name]." tun. Wähle das Feld "Entfernen" neben dem Namen der Person, die entfernt werden soll und bestätige erneut durch ein Tippen auf "Entfernen". Personen, die entfernt werden, können für 180 Tage nicht wieder hinzugefügt werden. Solltest du also ausversehen ein Profil gelöscht haben, musst du dich an den Kundenservice wenden, um dies rückgängig machen zu können.

Handbuch

Ins Handbuch gelangst du, indem du das Menü in der Alexa App öffnest und dann auf das Fragezeichen oben rechts, neben deiner E-Mail-Adresse, tippst. Nun kannst du auswählen, welches Handbuch du genau öffnen möchtest: das für Alexa, für den Echo oder den Echo Dot. Mit einem Tippen auf die jeweilige Schaltfläche gelangst du ins Verzeichnis des Handbuchs, wo du Hilfestellungen und Anleitungen in verschiedenen Kategorien, von der Geräteunterstützung über den Smart Home Bereich bis hin zu Software Updates, vorfindest. Hier kannst du nachschlagen, wenn dir Informationen zu Alexa oder zu deinem Echo Gerät fehlen.

Google Suche mit dem Echo nutzen

Alexa arbeitet mit der Suchmaschine Bing zusammen, um deine Fragen zu beantworten. Leider ist diese der Wissensdatenbank von Google in vielen Fällen unterlegen. Doch es gibt einen Weg, Googles Wissen auf deinem Echo zu nutzen - auch wenn dieser eher inoffiziell ist und ein bisschen technisches Geschick erfordert. Zunächst musst du alle benötigten Code-Dateien für die Google-Suche herunterladen und in dein Amazon Web Services Konto transportieren. Im nächsten Schritt musst du einen Alexa Skill so konfigurieren, dass er auf den Code zugreift. Im Anschluss aktivierst du deinen Schlüssel für die Entwicklerschnittstelle mit Google und verbindest schlussendlich deinen Google Account mit dem Alexa Skill. Hat alles funktioniert, kannst du Alexa nun mit "Alexa, frag Google nach [Suchbegriff]." über Google nach Antworten suchen lassen. Unter *http://www.chip.de/news/Google-Assistant-auf-dem-Amazon-Echo-Genialer-Hack-trickst-Amazon-aus_125069198.html* findest du weitere Informationen und ausführlichere Hilfestellungen zu diesem Thema. Theoretisch kannst du übrigens den kompletten Google Assistant und nicht nur die Google Suche nutzen. Der Assistant ist momentan aber lediglich in Englisch verfügbar, du müsstest Alexa also auf Englisch ansprechen und würdest auch englischsprachige Antworten erhalten. Sprichst du die Sprache fließend, kann sich die etwas kompliziertere Einrichtung allerdings lohnen.

Zurücksetzen

Sollten Probleme mit deinem Echo auftreten, kann es häufig schon genügen, ihn einmal aus- und wieder anzuschalten. Bleibt dies erfolglos, hast du die Möglichkeit, deinen Echo auf

Werksstand zurückzusetzen. Am unteren Teil des Geräts findest du den Reset-Knopf. Halte diesen gedrückt, bis dein Echo zunächst orange und dann blau aufleuchtet. Im Anschluss wird der Lichtring komplett erlöschen. Warte ab, bis er wieder orange aufleuchtet - dein Echo befindet sich jetzt im Einrichtungsmodus. Öffne die Alexa App, melde dich an und richte die WLAN-Verbindung ein. Der Reset-Vorgang ist nun abgeschlossen und du kannst damit beginnen, deinen Echo von neuem anzupassen. Möchtest du einen Echo Dot zurücksetzen, wird dir auffallen, dass dieser über keinen Reset-Knopf verfügt. Drücke stattdessen die Stumm-Taste in Kombination mit der Minus-Taste und halte beide gedrückt, bis der Lichtring orange aufleuchtet. Alles Weitere verläuft identisch wie beim normalen Echo.

Echo selber bauen

Klingt seltsam, ist aber wahr. Technikversierte Fans können sich einen Echo auf der Grundlage des Mini-Computers Raspberry Pi selber bauen und Alexa darauf installieren. Alles was dafür benötigt wird, ist der Raspberry Pi 3, eine MicroSD Kare, ein passendes Ladekabel, ein USB-Mikrofon, einen Lautsprecher, ein Keyboard und eine Maus.

Zunächst muss hierfür ein Amazon Entwickler-Konto erstellt werden. Unter dem Punkt "Alexa" kann anschließend der Raspberry Pi als Gerät hinzugefügt werden. Anschließend muss die Alexa Software geklont werden. Dies ist mit Hilfe des Rasbpian-Interface Pixel möglich. Anschließend wird der Raspberry Pi im Alexa Web Service als neues Gerät angemeldet und ein Aktivierungswort festgelegt. Der Echo Marke Eigenbau soll dem Original nur in wenigen Punkten nachstehen. Unter anderem können Streamingdienste wie Amazon Music oder Spotify nicht verknüpft werden. Die Grundfunktionen bleiben aber die gleichen.

Ob es sich lohnt, einen Echo selbst zu bauen, ist fraglich. Wer bereits in Besitz eines Raspberry Pi, sowie eines Lautsprechers ist, kann es auf einen Versuch ankommen lassen. Wer sich dagegen alle Teile neu anschaffen muss, ist vermutlich mit dem Kauf eines fertigen Echo Produkts besser beraten. Wenn du dich als Bastler deines eigenen Echos versuchen möchtest, ist es von Vorteil, wenn du dich mit Raspbian auskennst, zuvor schon mit der Linux-Kommandozeile gearbeitet hast oder zumindest über Grundkenntnisse in diesen Bereichen verfügst - ansonsten könnte sich das Projekt schwierig gestalten. Eine genauere Anleitung mit Links zu verschiedenen Hilfsseiten, z.B. zu einem Einsteiger-Guide für Linux, findest du auf der Website *http://www.giga.de*.

Kapitel 9: Konkurrenzprodukte

Die Konkurrenz schläft nicht und so finden sich mittlerweile einige Produkte auf dem Markt, die dem Amazon Echo in ihren Funktionen ähneln und durchaus Konkurrenz machen könnten.

Seit August 2017 ist beispielsweise der Google Assistant "Google Home" in Deutschland erhältlich. Das kleine Gerät kommt beinahe ohne Tasten aus und wird stattdessen durch das Berühren einer Touch-Oberfläche, sowie natürlich durch Sprachbefehle, gesteuert. Mit dem Befehl "Hey Google" erwacht das Gerät, das dank Google-Datenbank über ein enormes Wissen verfügt, zum Leben. In vielen Bereichen kann Google Home mit den Amazon Echo Produkten mithalten - an manchen Stellen, z.B. bei der Sprachausgabe, hapert es allerdings noch und andere Funktionen, wie die Telefonie oder der Spracheinkauf, fehlen bisher komplett.

Hast du schon mal von "Genie" gehört? Die Firma Anker entwickelte im Rahmen der Produktlinie "eufy" ein Gerät, das neben der Regelung des smarten Zuhauses über zahlreiche weitere Funktionen, z.B. zu Informations- und Unterhaltungszwecken, verfügt und selbstverständlich sprachgesteuert funktioniert. Auch Alexa ist mit an Bord und sämtliche Skills stehen zur Verfügung - lediglich auf Bluetooth muss momentan noch verzichtet werden.

Ein weiteres Produkt, das an dieser Stelle nicht fehlen darf, ist der Apple HomePod. Das noch sehr neue Produkt verspricht eine hohe Klangqualität und bezieht seine Intelligenz vom Apple-Assistant Siri. Verwenden kann das Gerät bisher allerdings nur, wer außerdem ein iPhone, iPad oder einen iPod touch besitzt.

Überraschenderweise kündigte auch die deutsche Telekom die Produktion eines smarten Lautsprechers an. Der sogenannte

"Magenta Speaker" befindet sich momentan in der Beta-Test-Phase, soll aber schon im Frühjahr 2018 den Markt erobern. Wir dürfen gespannt sein.

Kapitel 10: Kritik

Die zweite Generation des Echos wird vor allem für ihre Optik gelobt. Doch auch jetzt, beinahe ein Jahr nachdem der erste Echo auf den deutschen Markt kam, gibt es noch kritische Stimmen. Ein Kritikpunkt betrifft weiterhin die Lautsprecher, deren Qualität trotz Überarbeitung von vielen Testern als mangelhaft empfunden wird und auch die Spracherkennung lässt laut einiger Experten noch Wünsche offen.

Datenschutz und Angreifbarkeit

Wie viel hört Alexa? Wer hört alles mit und wohin werden aufgenommene Informationen geleitet? Das Thema Datenschutz kommt scheinbar unweigerlich zur Sprache, wenn über Alexa gesprochen wird. Generell kann gesagt werden, dass Alexa zwar immer mithört, aber erst mit der Aufnahme beginnt, nachdem das Aktivierungswort gefallen ist. Erst dann zeichnet sie das Gesprochene auf und gibt es zur Verarbeitung an die Cloud weiter. Natürlich kann das theoretisch auch aus Zufall passieren, wenn beispielsweise ein Wort fällt, das dem Aktivierungswort stark ähnelt.

Alexa speichert aufgenommene Sprachbefehle ab, sodass du sie dir später immer wieder anhören kannst. Diese Befehle landen natürlich auch auf dem Amazon-Server, wo sie laut Amazon "in anonymisierter Form zur Verbesserung der Sprachassistentin eingesetzt werden". Was auch immer das heißen mag.

Du hast in der Alexa App die Möglichkeit, Sprachaufnahmen unwiderruflich zu löschen. Rufe hierfür die Einstellungen auf und tippe auf "Verlauf". Nun wird dir eine Liste der aufgenommenen Sprachbefehle angezeigt, die du abspielen oder löschen kannst. Amazon rät allerdings ausdrücklich von der Löschung ab, da Alexas "Lerneffekt" dann zunichte ist und das Alexa-Erlebnis abgewertet wird. Die Entscheidung liegt bei dir.

Amazon, als online Handels-Riese, verfügte schon bevor der Echo seinen Platz in den ersten Wohnzimmern fand, über einen gewaltigen Datenschatz. Theoretisch ist es möglich, dass diese Daten an Dritte weiterverkauft werden - ob Amazon dieses Risiko allerdings eingehen würde, ist fraglich. Klar ist: im Zeitalter von Internet und Co. gibt es wenig Möglichkeiten, die volle Kontrolle über Sammlung und Verbreitung seiner Daten zu behalten. Je mehr Raum künstliche Intelligenzen in unserem Leben einnehmen, desto mehr und desto klarere Gesetze wird es zum Thema Datenschutz geben müssen. Vorerst ist jedem selbst überlassen, wie viel Vertrauen er in Hersteller hat und wie wichtig ihm der Schutz seiner Daten ist. Alexa selbst hat dazu auch etwas zu sagen. Auf die Frage "Alexa, bist du mit der CIA verbunden?" antwortet sie prompt: "Nein, ich bin mit niemand anderem verbunden. Der Schutz deiner Daten ist mir sehr wichtig." und verweist auf die Amazon-Datenschutzrichtlinien.

Doch wie sieht es mit dem Schutz vor der Einwirkung Dritter aus? Kann Alexa gehackt werden? Das ist bereits gelungen. Der Sicherheitsforscher Mark Barnes fand eine physische Schwachstelle der Geräte und konnte diese so manipulieren, dass er sie als Abhörgeräte einsetzen konnte. Dazu baute er den Boden des Echos ab, gelangte so an die Firmware und konnte Malware installieren. Der Echo erfüllte dann den Zweck einer Wanze. Beruhigend ist allerdings, dass dafür ein direkter Eingriff am Gerät notwendig ist. Das heißt: Wer darauf abzielt, deinen Echo in dieser Form zu hacken, benötigt Zugriff auf das Gerät und muss einige Minuten allein mit diesem sein, um es dementsprechend zu präparieren.

Chinesischen Sicherheitsforschern ist es dagegen gelungen, Alexa - und übrigens auch Siri - mit Hilfe von Ultraschallsignalen zu beeinflussen. Sie verwendeten ein Smartphone, das mit zusätzlicher Hardware ausgestattet wurde und nutzten die Fähigkeit der Echo-Geräte, Töne im Ultraschallspektrum empfangen zu können, um den sogenannten "Delfin-Angriff" auszuführen. Sie steuerten die Geräte also durch Töne, die für Menschen nicht hörbar sind, von den Sprachassistenten aber verstanden werden. Auch hierfür ist es allerdings nötig, in "Hörweite" des Gerätes zu sein. Ist dieses auf stumm geschaltet, bleiben sämtliche Versuche erfolglos.

Schlussendlich kann gesagt werden, dass zwar Sicherheitslücken bestehen, die Gefahr eines Hackerangriffs aber nicht zu hoch bewertet werden sollte. Der Datenschutz lässt weiterhin Fragen offen - wer allerdings nichts zu verbergen hat, der hat wohl auch nichts zu befürchten.

Kapitel 11: Künstliche Intelligenzen in der Zukunft

Künstliche Intelligenz ist ein Thema, das laut Experten die kommenden Jahre stark prägen wird. Immer mehr Geräte werden durch smarte Versionen ersetzt werden und unseren Alltag so nachhaltig verändern. Es gibt durchaus Kritiker, die den Einsatz künstlicher Intelligenz lediglich als vorübergehende Erscheinung betrachten. Sehr realistisch ist diese Ansicht aber nicht. Schon jetzt sind die künstlichen Intelligenzen auf dem Vormarsch und bei einer solch rasanten technischen Entwicklung, wie wir sie erleben, wird es wohl nicht mehr lange dauern, bis sie in unser aller Leben nicht mehr wegzudenken sind. Zu groß sind die Vorteile, Annehmlichkeiten und vor allem Möglichkeiten, die uns künstliche Intelligenzen bescheren.

Schlusswort

Hoffentlich konnte dir dieses Buch dabei helfen, deinen Echo einzurichten und dich mit seinen Funktionen vertraut zu machen. Viel Spaß beim Ausprobieren und viel Freude am Alltag mit Alexa!

Quellen

https://alexa.amazon.de/

http://www.computerbild.de/artikel/cb-Tipps-Vernetztes-Wohnen-Amazon-Alexa-Echo-telefonieren-Calling-Messaging-einrichten-17630499.html

https://www.netzwelt.de/news/162472-amazon-echo-kostenlos-alexa-telefonieren-nachrichten-senden.html

http://www.giga.de/unternehmen/amazon/news/zdf-verurteilt-alexa-ist-amazons-sprachassistent-gefaehrlich/

https://www.netzwelt.de/amazon-echo-2017/testbericht.html

https://www.pcwelt.de/a/alexa-smart-home-die-besten-geraete-fuer-amazon-echo,3391001

https://www.homeandsmart.de/amazon-echo-kompatible-produkte-systeme

https://www.mobilegeeks.de/news/amazon-alle-neuen-echo-geraete-im-ueberblick/

https://www.turn-on.de/thema/amazon-echo-1543

https://www.turn-on.de/tech/topliste/amazon-echo-kaufen-alle-geraete-im-vergleich-310568

https://www.amazon.de/gp/help/customer/display.html?nodeId=201602230

https://www.verbraucherzentrale.de/amazon-echo

https://www.alefo.de/alexa-allgemein-f14/alexa-voice-training-t107.html

https://alexadudes.com/index.php/2017/03/15/27-amazon-echo-hacks-need-know/

http://www.giga.de/audio/amazon-echo/specials/amazon-echo-die-besten-hacks-und-tricks-fuer-alexa/

http://www.giga.de/audio/amazon-echo/tipps/amazon-echo-mit-dem-raspberry-pi-selber-bauen-so-gehts/

https://www.internetworld.de/technik/amazon/amazon-connect-callcenter-in-cloud-1210880.html

https://t3n.de/news/forscher-hack-siri-alexa-ultraschall-855527/

https://www.wired.de/collection/tech/amazon-echo-alexa-hack-spionage-abhoergeraet

https://www.homeandsmart.de/multiroom-amazon-echo-alexa-steuerung

https://www.mobilegeeks.de/news/anker-eufy-genie-guenstige-amazon-echo-dot-konkurrenz-mit-alexa/

http://www.chip.de/news/Smart-Home-brutal-Preis-Kampf-um-Alexa_120512673.html

http://www.chip.de/news/Google-Home-vs.-Amazon-Echo-Die-Assistenten-im-Vergleich_120738644.html

http://www.computerbild.de/artikel/cb-News-Vernetztes-Apple-HomePod-16386779.html

https://www.teltarif.de/telekom-smarter-lautsprecher/news/70620.html

http://www.chip.de/news/Google-Assistant-auf-dem-Amazon-Echo-Genialer-Hack-trickst-Amazon-aus_125069198.html

Impressum

Text: Copyright © 2018 by Libros Trading Ltd

Business Center

Dubai World Center

P.O. Box 390667

Alle Rechte vorbehalten.

Nachdruck oder Kopieren, auch auszugsweise, ist ohne Erlaubnis des Autors nicht gestattet.

Foto: © Bht2000/ www.fotolia.com

Wichtiger Hinweis:

Die in diesem Buch enthaltenen Informationen dienen ausschließlich informativen Zwecken und dürfen unter keinen Umständen als Ersatz für eine professionelle Beratung oder Behandlung durch ausgebildete und anerkannte Ärzte angesehen werden. Diese beinhalten keinerlei Empfehlungen bezüglich bestimmter Diagnose- oder Therapieverfahren. Die Inhalte dürfen niemals als eine Aufforderung zur Selbstbehandlung oder als Grundlage für Selbstdiagnosen und -medikation verstanden werden. Die Informationen spiegeln lediglich die Meinung des Autors wieder. Der Autor übernimmt für die Art oder Richtigkeit der Inhalte keine Garantie, weder ausdrücklich noch impliziert.

Sollten Inhalte des Buches gegen geltendes Recht verstoßen, dann bittet der Autor um umgehende Benachrichtigung. Die betreffenden Inhalte werden dann umgehend entfernt oder geändert.

Haftung für Links

Das Buch enthält Links zu externen Webseiten Dritter, auf deren Inhalte wir keinen Einfluss haben. Deshalb können wir für diese fremden Inhalte keine Gewähr übernehmen. Für die Inhalte der verlinkten Seiten ist stets der jeweilige Anbieter oder Betreiber der Seiten verantwortlich. Die verlinkten Seiten wurden zum Zeitpunkt der Verlinkung auf mögliche Rechtsverstöße überprüft. Rechtswidrige Inhalte waren zum Zeitpunkt der Verlinkung nicht erkennbar. Eine permanente inhaltliche Kontrolle der verlinkten Seiten ist jedoch ohne konkrete Anhaltspunkte einer Rechtsverletzung nicht zumutbar. Bei Bekanntwerden von Rechtsverletzungen werden wir derartige Links umgehend entfernen.

www.ingramcontent.com/pod-product-compliance
Lightning Source LLC
Chambersburg PA
CBHW070217230526
45471CB00002B/965